Der kleine Rechtschreib-Silben-Lotse

**Strategisches Rechtschreibtraining
nach Buschmann und FRESCH**

Schulbuchunabhängiges Schülerarbeitsheft
mit 60 Arbeitsblättern für den Klassen- und Förderunterricht

Klasse 3

W0191819

Vorwort

Liebe Kolleginnen und Kollegen,
liebe Eltern,

aufbauend auf dem ersten Band werden die erfolgreichen strategiegeleiteten Förderkonzepte von Buschmann und FRESCH nun vertieft. Sie entdecken dabei auf leicht verständliche und motivierende Weise, wie Wörter systematisch aufgebaut sind. Die Strategien lehnen sich nun enger an die Schwierigkeitsstufen an, so dass eine Übertragung in die eigene Rechtschreibung erleichtert wird. Im Folgeband, dem Rechtschreib-Silben-Lotsen, wird dies endgültig konsequent umgesetzt.

Das verwendete Wortmaterial ist schwierigkeitsgestuft aus dem Grundwortschatz der Klassen 3 und 4 entnommen, so dass die Übungen sehr leicht von den Schülern durchgeführt werden können.

Der Autor ist Rektor einer Stützpunktschule für LRS und Fortbildner im Auftrag des Staatlichen Schulamtes Künzelsau. Seine weiteren Fördermaterialien erhalten Sie in unserem Verlag.

Inhaltsverzeichnis

	AB		Seite
KV	1	Kapitäne einsetzen	4
	2	Vertauschte Kapitäne	5
	3	Matrosen einsetzen	6
KVK	4	Silben schreiben	7
	5	Nomen zusammensetzen	8
	6	Laute am Wortende (1)	9
	7	Laute am Wortende (2)	10
	8	ng – nk	11
KVKK	9	z – tz (1)	12
	10	z – tz (2)	13
	11	z – tz verlängern	14
	12	k – ck	15
	13	k – ck verlängern	16
	14	k – ck Übung	17
	15	ll – mm – nn	18
	16	ll – mm – nn verlängern	19
	17	ff – rr	20
	18	ff – rr verlängern	21
	19	pp – tt	22
	20	pp – tt verlängern	23
s-Laute	21	s – ss – ß (1)	24
	22	s – ss – ß (2)	25
	23	s – ss – ß verlängern	26
	24	s – ss – ß Übung	27
i-Laute	25	i – ie (1)	28
	26	i – ie (2)	29
	27	i – ie verlängern	30
	28	i – ie Übung	31
KKVK	29	sp – st	32
	30	fl – fr	33
	31	bl – br, pf – pl – pr	34
	32	kl – kn – kr	35
	33	gl – gr	36
	34	dr – tr	37

	AB		Seite
Ableiten	35	a – ä	38
	36	ä – Trimino	39
	37	au – äu	41
	38	e – ä, eu – äu (1)	42
	39	e – ä, eu – äu (2)	43
Merkwörter	40	Wörter mit ä – äu	44
	41	Wörter mit i – ine	45
	42	Wörter mit ih – ieh	46
	43	Wörter mit ah – äh – eh	47
	44	Wörter mit oh – öh, uh – üh	48
	45	Wörter mit aa – ee – oo	49
	46	Wörter mit v	50
	47	Vorsilbe ver-/vor-	51
	48	Wörter mit qu	52
	49	Wörter mit ai	53
	50	Wörter mit x – chs – ks	54
	51	Fremde Wörter	55
Großschreibung	52	Großschreibung (1)	56
	53	Großschreibung (2)	57
	54	Nomen auf -heit, -keit, -nis, -ung	58
	55	Zusammengesetzte Nomen	59
	56	Übung (1)	60
	57	Übung (2)	61
Überblick Strategien	58	Übersicht Rechtschreibstrategien (1)	62
	59	Übersicht Rechtschreibstrategien (2)	63
	60	Anwendung der Rechtschreibstrategien	64

In jeder Silbe steckt immer ein _ (**a**, **e**, **i**, **o**, **u**, **y** oder **ä**, **ö**, **ü**).

Oft gibt es auch Silben mit _ _ (**au**, **ei**, **äu**, **eu**).

1. In jeder Reihe fehlen dieselben _ (**a**, **e**, **o**, **u**). Schreibe auf.

R_gen, L_ben, g_ben   Regen, _____

L_den, F_den, G_ben   _____

M_t, H_t, G_t   _____

M_de, B_te, B_gen   _____

2. Bei diesen Wörtern fehlt ein _ (**a**, **e**, **i**, **o**, **u**). Findest du ihn? Schreibe auf.

w_her, sog_r, d_rum, ger_de , n_ben, g_gen, n_he, ob_n,

d_gegen, s_per, d_zu, eb_n

woher, _____

_____

3. Hier fehlt ein _ (**ä**, **ö** oder **ü**). Setze ihn richtig ein und schreibe auf.

m_de, n_her, dar_ber, h_her, wor_ber, b_se

müde, _____

_____

4. Setze die _ _ **au**, **eu**, **ei** ein und schreibe auf.

s_ber, dar_f, gen_, l_der, her_f, t_er,

w_ter, her_s, b_de, h_te, l_t, h_ter

sauber, _____

_____

1. Vertausche in jedem Wort den ersten 👮 und lass dabei auch Unsinnwörter entstehen. Achte auf die Groß- und Kleinschreibung.

Ra gel	wagen			
Re gel				
Rie gel		schieben		quieken
Ro gel				
Ru gel				
Rau gel			saugen	
Rei gel				
Reu gel				

2. Lies die Spalten aus Aufgabe 1, so schnell du kannst.

3. Hier sind die 👮 vertauscht. Wie heißen die Wörter richtig? Schreibe sie auf.

Kehü	Kühe	Megan	
Hinog		Wecho	
Kegul		Legar	
Jegär		Segier	
Meböl		Kebal	
Nedal		Leteu	
Sega		Lenei	
Blemu		Mental	
Heso		Tessa	
Ketza		Kerta	

Gibt es in einer Silbe nur einen , steht er fast immer am Anfang:
Lag**e**

1. Setze die fehlenden ein und setze die Silbenbögen.

1	2	3	4	5	6	7	8	9	10	11	12	13	14	15	16	17	18	19	20	21
b	ch	d	f	g	h	j	k	l	m	n	p	qu	r	s	sch	t	v	w	x	z

9**a**3**e**11   laden   ü1**e**11 _____   14**ei**2**e**11 _____

e1**e**11 _____   10**ö**5**e**11 _____   1**e**10**ü**6**e**11 _____

3**ie**11**e**11 _____   16**ie**1**e**11 _____   5**e**16**e**6**e**11 _____

9**ei**3**e**11 _____   19**a**5**e**11 _____   5**e**6**ö**14**e**11 _____

4**e**5**e**11 _____   9**e**5**e**11 _____   15**a**5**e**11 _____

2. Hier sind die vertauscht. Markiere sie blau.
   Schreibe das Wort auf und setze die Silbenbögen.

kauSchel, quebem, nafeH, negau, maDut, koSchodale, toFo,
megein, geleR, fauken, meitaH, derage, gaLer, heiRe, rechuG,
beleN, güLe, beneL, reteM, teiLer, dasche

Schaukel, _____

_____

_____

_____

_____

1. Male alle 👮 grün an.

	a	b	c	d	e	f	g
1	b**e**	kel	ei	dür	Auf	fan	Man
2	le	tig	ter	Zau	ter	Ku	Schau
3	ben	be	we	ra	Te	lang	wich
4	tur	ruf	ga	lig	Wun	Os	gel
5	gen	Ge	se	fen	ten	Re	gel
6	tel	hei	Be	del	schich	Ge	mel
7	rer	nen	ga	mü	den	te	gen
8	wei	le	Na	Re	Meis	fon	der

2. Setze die Silben aus Aufgabe 1 zusammen und schreibe die Wörter auf.
   Setze die Silbenbögen.

Nomen:

g2-b1	Schaukel	e1-c4-a3	
c6-b4		f4-e2-c1	
d2-a1-a7		e4-g8	
f2-g5		g1-a6	
f6-d7-c5		e8-c2	
c8-d6		b5-e6-f7	
e3-b8-f8			

Verben:

b3-c3-a5		d1-d5	
b6-d3-e5		a4-b7	

1. Diese Wörter haben drei, vier und fünf Silben. Schreibe sie in die richtige
   Spalte und setze die Silbenbögen. Sprich die Wörter mit.

> Kinderlieder, Scheibenwischer, Gemüseladen, Obsttorte, Einladung,
> Aufgabe, Lagerfeuer, Fernseher, Dachboden, Marmelade,
> Überraschungen, Fingernagel, Kinderzeichnungen, Laternenkerze,
> Morsezeichen, Buchseite, Reiseerlebnis, Straßenbahnlinie

⌣⌣⌣　　　　　⌣⌣⌣⌣　　　　　⌣⌣⌣⌣⌣

	Kinderlieder ⌣⌣⌣⌣	

2. Setze die Nomen zusammen und schreibe sie auf.
   Setze die Silbenbögen.

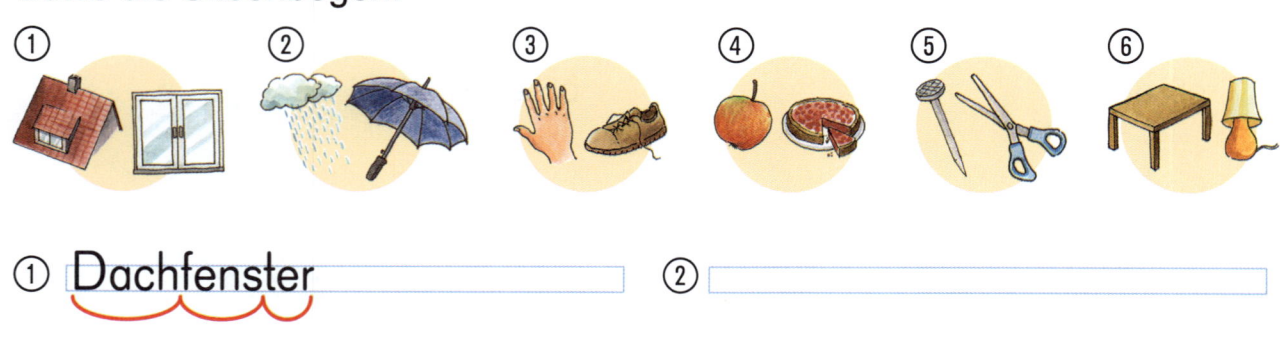

① ② ③ ④ ⑤ ⑥

① Dachfenster ⌣⌣⌣　　　②

③ 　　　④

⑤ 　　　⑥

Bei **b**, **d**, **g** am Wortende hörst du oft **p**, **k**, **t**.
Folgt danach ein 👮, hörst du den Buchstaben deutlich.
Beim Verlängern hilft dir das Zauberwort **alle**.

1. Verlängere die Nomen und schreibe sie auf.

der Hun**d** – alle Hunde

b/p	d/t	g/k
das Kal👮	der Bar👮	der Ber👮
alle _____	alle _____	alle _____
der Ty👮	das Bil👮	der Schran👮
alle _____	alle _____	alle _____
der Kor👮	das Rin👮	das Geschen👮
alle _____	alle _____	alle _____

2. Verlängere die Verben. Bleibe in derselben Zeit. Schreibe auf.

er gi**b**t – alle geben

b/p: er trei👮t – alle _____ er pum👮t – alle _____

d/t: sie fan👮 – alle _____ sie rä👮 – alle _____

g/k: es bie👮t – alle _____ er hin👮t – alle _____

3. Verlängere die Adjektive. Ein Nomen ist dafür nötig. Schreibe auf.

gro**b** – alle groben Steine

b/p: hal👮 – alle _____ Sachen plum👮 – alle _____ Tiere

d/t: gesun👮 – alle _____ Kinder fes👮 – alle _____ Stoffe

g/k: kran👮 – alle _____ Kinder klu👮 – alle _____ Ideen

Überlege bei den Wörtern mit Strategiezeichen, welche ☺☺ passen, und schreibe die Sätze auf.

ld/lt: Im Urwa__ ze__en a__e Wi__erer.

ld/lt: Auf dem Bi__ ha__en die Menschen ihre Schi__er hoch.

nd/nt: In dieser Stu__e am Abe__ scheint der Mo__.

nd/nt: Am Abe__ stau__e das Ki__ über die Ri__er.

rd/rt: Die He__e o__net sich und sta__et los.

rd/rt: Leopa__en leben auf der E__e.

lg/lk: Die Kühe fo__en uns, damit wir sie me__en können.

rg/rk: Sie me__en die Wi__ung der Bi__enblüten.

rg/rk: Die sta__en Zwe__e leben in den Be__en.

1. Setze die Silben zusammen. Schreibe die Wörter in die richtige Spalte.
Setze die Silbenbögen.

> An-, An-, En-, En-, Schlan-,
> Tan-, Man-, Blin-

> ge, gel, gel, gel, kel, ker, ker,
> ker

ng

Angel

nk

2. Finde die Verben und schreibe sie auf. Verlängere sie dann.

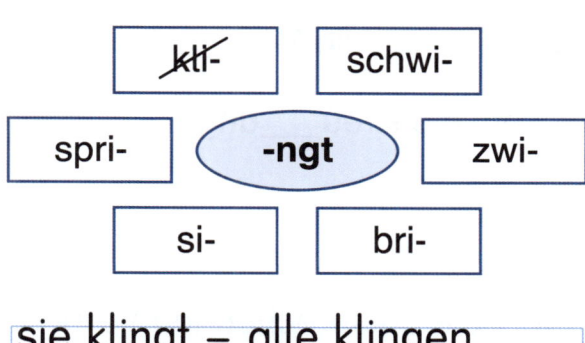

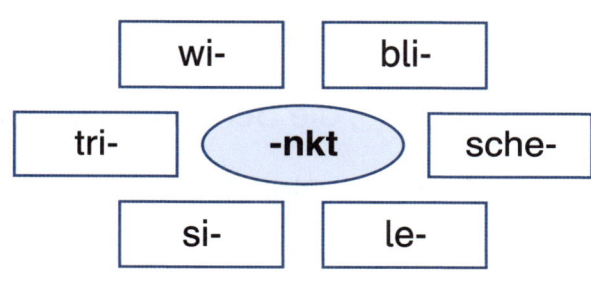

sie klingt – alle klingen

3. Verlängere die drei Adjektive. Schreibe sie auf.

lang –   alle _____ Stangen

flink –   alle _____ Tiere

schlank – alle _____ Bäume

Finde die Regel selbst. Achte auf 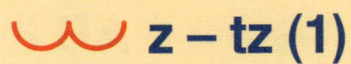, 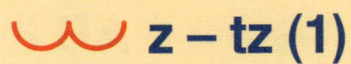, vor dem **z/tz**:

Witz   Kreuzung   Walze

Nach einem 👮 folgt fast immer ein _____.

Nach 👮👮 steht ein _____.

Nach einem 👮 folgt ein _____.

1. Wende diese Regeln bei den Nomen an und setze **z/tz** ein.

   der Schu___, der Bli___, das Kreu___, der Scha___, das Sal___,

   die Spi___e, die Pflan___e, der Besi___, der Pu___, der Pla___,

   der Spi___er, die Wal___e, der Schmer___, der Wi___, der Spa___,

   der Pil___, das Ne___, der Schmu___, die Hi___e, die Mü___e,

   das Her___, die Schnau___e, der Wei___en, die Kreu___ung,

   der Kra___er, der Schwan___.

2. Schreibe zu acht der Nomen aus Aufgabe 1 die entsprechenden Verben.

der Schutz	schützen

1. Überlege, ob du **z** oder **tz** in die Lücken einsetzen musst. Hörst du ein **z**, streiche den ersten ⍦ durch. Fünf Wörter schreibst du mit **z**.

Meine Ka__en

Ich besi__e drei Ka__en. Sie wäl__en sie sich gerne im kühlen Sand.

Dabei werden sie oft schmu__ig. Danach se__en sie sich hinter

meine Pflan__en und pu__en sich ihre Schnau__en.

Auf ihren Plä__en lecken sie sich auch ihre Pfoten und Schwän__e.

Wenn sie spielen, kra__en sie mit ihren spi__en Krallen die Fäden

aus meiner alten Mü__e. Das sieht aus, als würden sie tan__en.

Um sich zu schü__en, haben sie ihre Krallen eingezogen, damit sie sich

nicht verle__en.

In der Mittagshi__e schä__en sie einen Mittagsschlaf.

2. Schreibe die Wörter aus Aufgabe 1 auf.

Katzen,

Steht **z/tz** am Ende des Wortes, musst du das Wort verlängern.
Dabei hilft dir das Zauberwort **alle**.

Verlängere die Wörter. Setze **z** oder **tz** ein.

Nomen: der Scha**tz** – alle Schä**tze**

der Bli🚔, der Schmer🚔, der Kran🚔, der Pu🚔,

der Pla🚔, das Her🚔, der Schwan🚔, der Har🚔

_____

_____

_____

_____

Verben: er pu**tz**t – alle pu**tz**en

sie spi🚔t, er schä🚔t, sie wal🚔t, sie si🚔t,

es pla🚔t, er schü🚔t, es schmer🚔, sie sal🚔t

_____

_____

_____

_____

Adjektive: kur**z** – alle kur**zen** Stöcke

stol🚔, spi🚔

_____

Achte auf 👮, 👮👮, 👮 vor dem **k/ck**:

Nach einem 👮 musst du in Silben sprechen, dann hörst du **k** oder **ck**: Laken – Acker (ich höre **kk**).

Nach 👮👮 steht **k**: Pauke.

Steht vor dem **k** ein 👮, folgt kein **ck**: sinken.

1. Überlege, ob du **k** oder **ck** schreibst.
   Setze dazu die Silbenbögen und streiche bei **k** den ersten 👮.

   Verben: den̶ken, stecken, lecken, sticken, wecken, erschrecken, schicken, sinken, trinken, schmecken, schenken, backen, zanken, drücken

   Nomen: die Getränke, die Schränke, der Balken, die Strecke, die Decke, der Rücken, die Ecke, die Brücke, der Dackel, der Henkel, der Funke

2. Schreibe die Wörter aus Aufgabe 1 in die richtige Spalte.

k	ck
denken,	

Steht **k/ck** am Ende eines Wortes, musst du das Wort verlängern. Dabei hilft dir das Zauberwort **alle**.

Verlängere die Wörter. Setze **k** oder **ck** ein.

Nomen: der Schran**k** – alle Schrän**k**e

der Blo__, der Augenbli__, das Geschen__, das Stü__,

das Wer__, das Geträn__, der Fle__, der Pun__t

Verben: er le**ck**t – alle le**ck**en

sie mer__t, es sin__t, er stri__t, er dan__t, es schme__t

Adjektive: pin**k** – alle pin**k**en Autos

star__, di__

Wenn du die Wörter verlängerst, kannst du die Schreibweise genau hören. 10 Wörter schreibst du mit **k**.

1. Überlege, ob du **k** oder **ck** in die Lücken einsetzen musst.
   Hörst du ein **k**, streiche den ersten 👮 durch.

Das Geschenk

Man merkt es schon am Morgen. Der Geburtstag meines Bruders rückt näher. Meine Mutter backt dann immer einen Kuchen.

Am Mittag ist es endlich so weit. Sie schickt ihn aus dem Zimmer und deckt den Tisch.

Dann kommt der Augenblick. Sie ruft meinen Bruder und drückt auf die Klinke. Die Tür geht ein Stück auf. Meine Mutter merkt seine Aufregung. Am Tisch trinkt mein Bruder zuerst seine Schokolade aus. Ich esse als Erstes Kuchen. Er schmeckt wunderbar. Danach holt meine Mutter das Geschenk aus dem Schrank und gibt es ihm. „Pack es aus!", rufe ich. Im Paket steckt eine neue Spielekonsole. Er ist glücklich und dankt unseren Eltern.

2. Schreibe die Wörter aus Aufgabe 1 auf.

Geschenk,

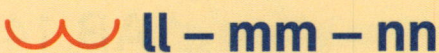
1. Setze **ll**, **mm** oder **nn** ein und schreibe die Wörter in die richtige Spalte.

~~Falle~~, ~~stellen~~, erkennen, bekommen, brummen,

Brummen, Hammer, bellen, Donner, Hummel, Nummer,

fallen, Halle, nennen, Sommer, sammeln, Quelle,

Spinne, summen, Kenner, bannen, Tanne, sonnen,

rammen

ll	mm	nn
Nomen:		
Falle		
Verben:		
stellen		

2. Entscheide, ob **l/m/n** oder **ll/mm/nn** fehlt.
   Setze die Silbenbögen und schreibe die Wörter auf.

   l/ll: Schwelle, Schalle

   n/nn: Tonne, Tönne

Um zu erkennen, ob am Ende eines Wortes ein 👮 oder 👮👮 desselben Buchstabens stehen, musst du das Wort verlängern. Dabei hilft dir das Zauberwort **alle**.

1. Schreibe die Adjektive in die richtige Zeile und finde ein Verlängerungswort.

> ~~klamm~~, schli👮👮, dü👮👮, fro👮👮, stu👮👮

mm: klamm – alle klammen Kleider

nn:

2. Schreibe die Wörter mit **ll** auf und verlängere sie.

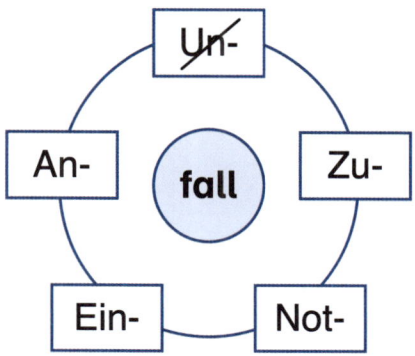

Un-, An-, Zu-, Ein-, Not- / fall

Unfall: der Unfall – alle Unfälle

3. Finde das Verlängerungswort und schreibe es auf.

dünn – alle [   ] Felle   toll – alle [   ] Autos

still – alle [   ] Kinder   prall – alle [   ] Bälle

Bei manchen Wörtern hörst du oft nur ein **f** oder **r**.
Du schreibst sie jedoch mit **ff** oder **rr**.

Sprich das Wort in Silben, dann hörst du, ob nach dem 👮

ein 👮 oder 👮👮 kommen: Seife – Schi**ff**e.

Bei diesen Wörtern ist die letzte Silbe verloren gegangen.
Setze sie zusammen und schreibe sie auf.
Setze dann die Silbenbögen.

Nomen: Af-, Pfar-, Waf-, Bar-, Stof-, Nar-, Kartof-, Unter-, Zif-

Verben: sper-, star-, hof-, schnur-, tref-, kläf-, zer-, of-, mur-, ir-, schaf-

fe̶	fen	fe	fen	ren	fen	ren

ren	fe	fen	ren	rer	ren	ren

fel	richt	fer	ren	ren	fen

ff

A̶ffe

rr

1. Schreibe die Wörter mit **ff** auf und verlängere sie.

   Begriff: der Begriff – alle Begriffe

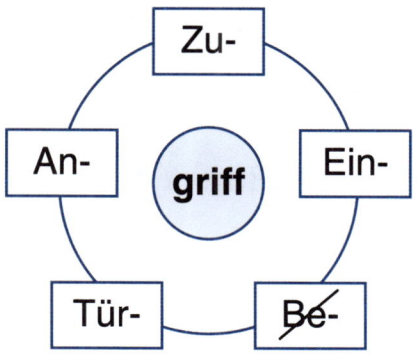

   Stoff: _____

   schroff: _____ Lehrer

2. Setze fünf Wörter aus Aufgabe 1 hier ein.

   Der _____ an der Tür ist neu.

   Der _____ im Krankenhaus ist vorbei.

   Ich habe den _____ im Wörterbuch gefunden.

   Der _____ des Kleides ist rot.

   Die Felsen sind _____ .

3. Finde das Verlängerungswort und schreibe es auf.

   dürr – alle _____ Äste   der Herr – alle _____

   wirr – alle _____ Bilder   der Narr – alle _____

   starr – alle _____ Blicke

1. Setze **pp** oder **tt** ein und ordne nach Reimwörtern.
   Immer drei Wörter reimen sich.

> Gri~~pp~~e, Kla~~pp~~e, Fu~~tt~~er, Su~~mm~~e, Gewi~~tt~~er, Bu~~tt~~er,
> Li~~pp~~e, Wi~~tt~~e, Pu~~pp~~e, Pa~~pp~~e, Ri~~tt~~er, La~~pp~~en,
> Ma~~pp~~e, Wa~~tt~~en, Mu~~tt~~er, Ku~~pp~~e, Twi~~tt~~er, Ra~~tt~~en

Grippe

2. Setze die Silben zusammen und schreibe die Wörter auf.

   Silbe 1: dop-, flat-, Flot-, füt-, hop-, klap-, klet-, Mit-, plap-, rap-, Rat-, ret-,
   Schlit-, schüt-, schüt-, stop-, Wet-, zit-

   Silbe 2: peln, peln, pen, pelt, pern, pern, te, te, te, ter, teln, ten, ten, ten,
   tern, tern, tern, tern

doppelt,

1. Verlängere die Wörter mit dem Zauberwort **alle**. Schreibe sie auf.

er sto[...]t – alle [_____]   er schle[...]t – alle [_____]

es kla[...]t – alle [_____]   sie ki[...]t – alle [_____]

kapu[...] – alle [_____] Autos   pla[...] – alle [_____] Reifen

ne[...] – alle [_____] Leute   ma[...] – alle [_____] Farben

sa[...] – alle [_____] Tiere   gla[...] – alle [_____] Stellen

2. Achtung: Bei diesen Verben musst du deutlich in Silben sprechen. Dann hörst du, ob du sie mit **d/t** oder **tt** schreibst.

Grundform	Gegenwart	Vergangenheit	Vergangenheit
schreiten	ich schreite	ich schritt	alle schritten
schneiden	ich		
reiten			
gleiten			
streiten			

3. Setze die Verben aus Aufgabe 2 ein. Achte auf die Zeit.

Gestern [_____] ich die Blumen. Danach [_____] wir

mit unseren Pferden.

Dabei [_____] mir

der Zügel aus der Hand.

Alle [_____] zu mir

und [_____] sich,

wie das passieren konnte.

1. Schreibe die Wörter in die richtige Spalte.

> Absicht, Kiste, Messer, draußen, blasen, wissen, kosten, Fenster,
> beißen, Knospe, Felsen, Ausflug, Kasse, Gesicht, schießen, Wüste,
> Taste, Rasen, passen, stoßen, messen, grüßen, Nüsse, Klasse,
> Weste, Pause, Bluse, Wesen, größer, heißer, lassen, fleißig,
> außen, besser, Vase, rosten

⌣ s	⌣ s s	⌣ s	⌣ ß
Kiste	Messer	Absicht	draußen

2. Lies die Wörter aus Aufgabe 1 laut vor.
Nur das **s** in der 3. Spalte darf wie bei einer Biene summen.

Verwandte Wörter aus der Wortfamilie können dir helfen.
Hörst du beim Silbensprechen ein **s** bei Wörtern, die du bei
verwandten Wörtern mit **ss** schreibst, musst du **ß** schreiben:
reißen – ri**ss**en.

Schreibe die Wörter in die Zeilen und setze **ss** oder **ß** ein.
Setze die Silbenbögen und streiche bei **ß** einen 👮.

genießen, die Genüsse, genossen

genießen,

messen, wir massen, die Masse

schießen, die Schüsse, wir schossen

essen, wir assen, gegessen

die Schlösser, schließen, geschlossen

die Flüsse, fließen, geflossen

Nach einem 👮 können **s**, **ss** oder **ß** stehen.
Dann musst du verlängern. Dabei hilft dir das Zauberwort **alle**.
Gegenwart: reiß**t** – alle reiß**en**

Vergangenheit: er ri**ss** – alle ri**ss**en

Setze **s**/**ss**/**ß** ein und schreibe die Verbformen auf.

	Grundform	Verlängerung	Vergangenheit
Er la👮👮 das Buch.	lesen	alle lasen	alle lasen
Er lä👮👮t es liegen.			
Sie mi👮👮t die Höhe.			
Er ra👮👮te weg.			
Er schlie👮👮t es auf.			
Sie rei👮👮t es auf.			
Er kü👮👮t sie.			
Sie bi👮👮en ihn.			

1. Überlege, ob du **s**, **ss** oder **ß** in die Lücken einsetzen musst.
   Beachte dabei die Strategiezeichen unter den Wörtern.

   Streiche bei **s** oder **ß** einen 👮.

Eine Fahrt an den Fluss

Gestern besuchten wir den nahen Fluss.

Wir begrüßten ihn herzlich, denn er hatte gerade Hochwasser.

Leider hatte ich meine Kamera vergessen, so dass ich keine

Bilder schießen konnte, obwohl es sehr lustig wurde.

Am Ufer stieß Peter seinen Freund aus Spanien an.

Dabei rutschte er aus und fiel ins Wasser.

Zum Glück war ein Felsen in der Nähe und er bekam ihn zu fassen.

Von dort konnte er ans Ufer springen.

Doch nun war er nass. Die Lehrerin ließ ihn bald abholen.

2. Schreibe die gesuchten Wörter aus Aufgabe 1 auf und ordne sie in die Tabelle.

s	ss	ß
Gestern		

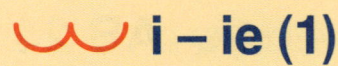

1. Suche die Reimpaare und schreibe sie in die richtige Spalte.

> ~~fliegen~~, ~~Bilder~~, Stille, schieben, winden, Spiegel, fließen, lieber, Ziegel,
> Biene, Schilder, finden, sieben, Kiste, richten, sichten, Schiene, Piste,
> Wille, liegen, winken, gießen, Schieber, blinken

i　　　　　　　　　　　　　　　　　　　　**ie**

Bilder　　　　　　　　　　　　　　　　　　fliegen

2. Setze die Silbenbögen.

3. Vervollständige die Regel.

Steht **i** am Ende einer Silbe, schreibe ich zumeist ___.

Endet die Silbe mit einem 👮, schreibe ich nur ___.

4. Setze die Silbenbögen und male die 👮 nach dem i blau an.
Entscheide anschließend: **i** oder **ie**. Schreibe auf.

H_i_lfe, l___gen, r___chen, S___lbe, Z___ge, Kl___nke, R___nder,

St___fel, Fl___ge, F___ber, D___ner, w___gen, Sch___nken

1. Finde die Wörter mit **-ieren** und schreibe sie in die richtige Spalte.

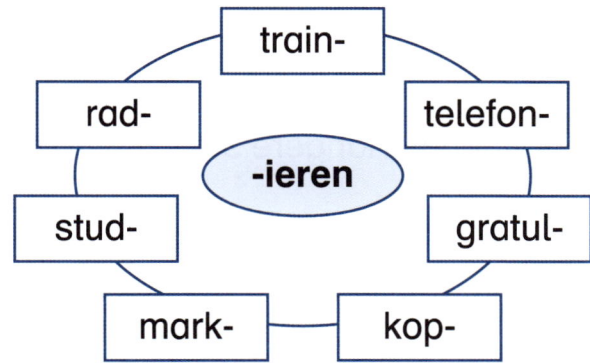

ich radiere

du kopierst

er telefoniert

du trainierst

du gratulierst

er studiert

ich markiere

2. Finde die Vergangenheitsform dieser Wörter und schreibe sie auf.

sie stoßen   –   sie treiben –

sie schweigen –   sie raten   –

sie scheinen –   sie blasen   –

sie schreien –   sie steigen –

sie schreiben –   sie heißen   –

Bei einsilbigen Wörtern musst du verlängern.
Dabei hilft dir das Zauberwort **alle**.

der Stiel – alle Stiele

Schreibe die Wörter auf und verlängere sie.

Nomen:

das Sp__l, der W__nd, das L__d, das S__b, das T__r,

das Z__l, das K__nd, der St__r, der D__b, das B__ld

das Spiel – alle Spiele,

Verben:

sie s__gt, es s__nkt, er z__ht, er h__nkt, sie w__nkt,

er sch__bt, er b__gt, sie w__gt

sie singt – alle singen,

Adjektive:

l__b, w__ld, d__ck, sch__f

lieb – alle lieben Kinder,

1. Überlege, ob du **i** oder **ie** in die Lücken einsetzen musst. Beachte dabei die Strategiezeichen unter den Wörtern.

Streiche bei **i** einen 👮.

Nachbars Ziege

Durch Nachbars Garten fließt ein Bach. Dort trinkt gerade

eine Ziege. Eine Fliege ärgert sie und sie wird ganz wild.

Sie schüttelt sich, damit die Fliege verschwindet. Nach einer Weile

hat sie Hunger und frisst die milden Kräuter. Später liegt sie

ganz still im Gras und schaut in den Himmel. Da biegt eine

Katze um die Ecke. Sie schaut sie zuerst schief an. Langsam schiebt

sie ihre Nase ganz dicht an sie heran und riecht an ihr.

2. Schreibe die Wörter in die Tabelle. Manche kommen mehrmals vor. Schreibe sie nur einmal auf. Füge bei Wörtern mit ⤳ das Verlängerungswort dazu.

i	Verlängerung	ie	Verlängerung
trinkt	trinken		

31

1. Lies die Wörter und finde heraus, wann man **s** schreibt, aber **sch** spricht.

> schreiben, Spinat, spannend, stellen, Schnecke, sprechen, Spaß,
> Spatz, Speck, Schrank, schlafen, Stift, schwimmen, spielen, Spiel

   Ich schreibe **s** vor ____ und ____.

2. Setze **Sp/sp** oder **St/st** ein.

Nomen: $\underline{Sp}$ort   ____iefel   ____ufe   ____off   ____eg   ____aten

           ____au   ____achel   ____achtel   ____rom   ____amm

Verben: ____ringen   ____reiten   ____rühen   ____arren   ____inken

3. Schreibe die Wörter auf.

   _____      _____

   _____      _____

   _____      _____

4. Finde die Verben und schreibe sie auf.

Sturz – _____   Sprung – _____

Start – _____   Sprache – _____

Staub – _____   Spiel – _____

1. Verbinde die Silben. Male die Wörter mit **fl** grün
   und die Wörter mit **fr** braun an.

flei
freund
flüs

sig
ßig
lich

Flag
Frei
Fra

heit
ge
ge

flit
frie
flie

ren
gen
zen

2. Setze die Wörter in den Klammern in die Sätze ein.

   Auf der [   ] rennen sie über den [   ].
   (Flur, Flucht)

   Der [   ] Mönch liegt [   ] auf dem Boden.
   (fromme, flach)

   Die [   ] landen auf dem [   ].
   (Fliegen, Fleisch)

   Ein [   ] mag keinen [   ].
   (Frost, Frosch)

   Der [   ] Besucher ist nun wieder [   ].
   (friedlich, fremde)

1. In dieser Wörterschlange haben sich viele Wörter mit **bl** oder **br** am Wortanfang versteckt. Schreibe sie in die richtige Spalte.

~~Bluse~~~~Blumen~~~~bringen~~~~Brei~~blasenBlüteblutenblinkenbrennenbrechenblitzenblöd-
BrillebrauchenbrummenbreitBrettbrutalblaublondbrüllenBrückebraunBrezel

bl

Bluse, Blumen,

br

bringen, Brei,

2. Setze **pf**, **pl** oder **pr** ein. Achte auf die Groß- und Kleinschreibung.

das ___oblem, die ___erde, ___agen, die ___obe, ___üfen,

die ___lanzen, das ___ogramm, die ___orte, ___essen

3. Setze die Wörter aus Aufgabe 2 in die Sätze ein.

Meine [_____] fressen die [_____] aus
Nachbars Garten.

Der Schüler sieht das [_____] der Aufgabe nicht.

Die [_____] für unser Theater [_____] uns.

Das [_____] für das Fest müssen wir noch [_____].

Wir öffnen die [_____] zum Garten.

Die Äpfel [_____] wir aus.

1. Bei diesen Zungenbrechern fehlen die Anfangsbuchstaben **kl**, **kn**, **kr**. Schreibe diese auf und achte auf die Groß- und Kleinschreibung.

Ein ___einer ___allroter ___ebs ___abbert an einer ___ummen, ___einen ___abbe. An einer ___ummen ___einen ___abbe ___abbert ein ___allroter ___ebs.

_____

_____

_____

_____

Der ___uge ___aus ___nopf liebt ___ödel, ___öße, ___öpse. ___ödel, ___öße, ___öpse liebt der ___uge ___aus ___nopf.

_____

_____

_____

Eine ___eine ___apperschlange ___appert ___äftig mit ihrer ___apper. Mit ihrer ___apper ___appert ___äftig eine ___eine ___apperschlange.

_____

_____

_____

_____

2. Lerne die Zungenbrecher auswendig.

1. Setze **Gl/gl** oder **Gr/gr** ein und schreibe die Wörter in die richtige Spalte.

Nomen: das G̶l̶a̶s̶, das G̶r̶a̶s̶, die ⬛ut, ⬛ocke, die ⬛ube, die ⬛ille

Verben: ⬛änzen, ⬛ühen, ⬛üßen, ⬛aben, ⬛illen

Adjektive: ⬛att, ⬛ob, ⬛oß, ⬛eich, ⬛ücklich

Gl/gl

das Glas

Gr/gr

das Gras

2. Steigere die Adjektive und schreibe sie auf.

g̶r̶o̶b̶, grau, glatt, groß, grell

grob – gröber – am gröbsten

Wenn du die Buchstaben deutlich sprichst, hörst du, welche Wörter du mit **Dr/dr** oder **Tr/tr** schreibst.

1. Setze **Dr/dr** oder **Tr/tr** ein.

   a) Die reifen <u>Tr</u>auben bringen sie

      mit dem ___aktor in die Kellerei.

      Dort ___ennen sie sie von ihren Stielen

      und gewinnen daraus ___üben Saft,

      den wir ___inken können.

   b) ___innen in der ___uckerei ___ucken sie

      ___eißig ___omedare,

      die sich im ___eck ___ängeln.

   c) Wir ___effen unseren ___eisten Nachbarn,

      der ___ohend um die Ecke ___ottet.

2. Schreibe zwei eigene Sätze.

1. Finde die Mehrzahl und markiere **a/ä** rot. Schreibe auf.

~~der Fall~~, ~~der Spaß~~, der Schatz, der Vater, der Kasten, der Unfall,
das Rad, der Pass, der Plan, die Nacht, das Land, der Hang,
der Garten, die Bank, das Band, die Angst

der F**a**ll ⚡ die F**ä**lle   der Sp**a**ß ⚡ die Sp**ä**ße

2. Finde das entsprechende Nomen oder Verb mit **a**. Schreibe auf.

Nomen	Verb		Verb	Nomen	
der Bäcker	⚡ backen		schälen	⚡ die	
der Wächter	⚡		kämmen	⚡ der	
der Träger	⚡		schämen	⚡ die	
der Jäger	⚡		drängen	⚡ der	
der Kläger	⚡		einfädeln	⚡ der	

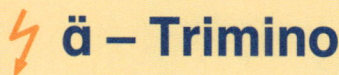
Schneide die Dreiecke aus und lege die zusammengehörigen Wörter aneinander.

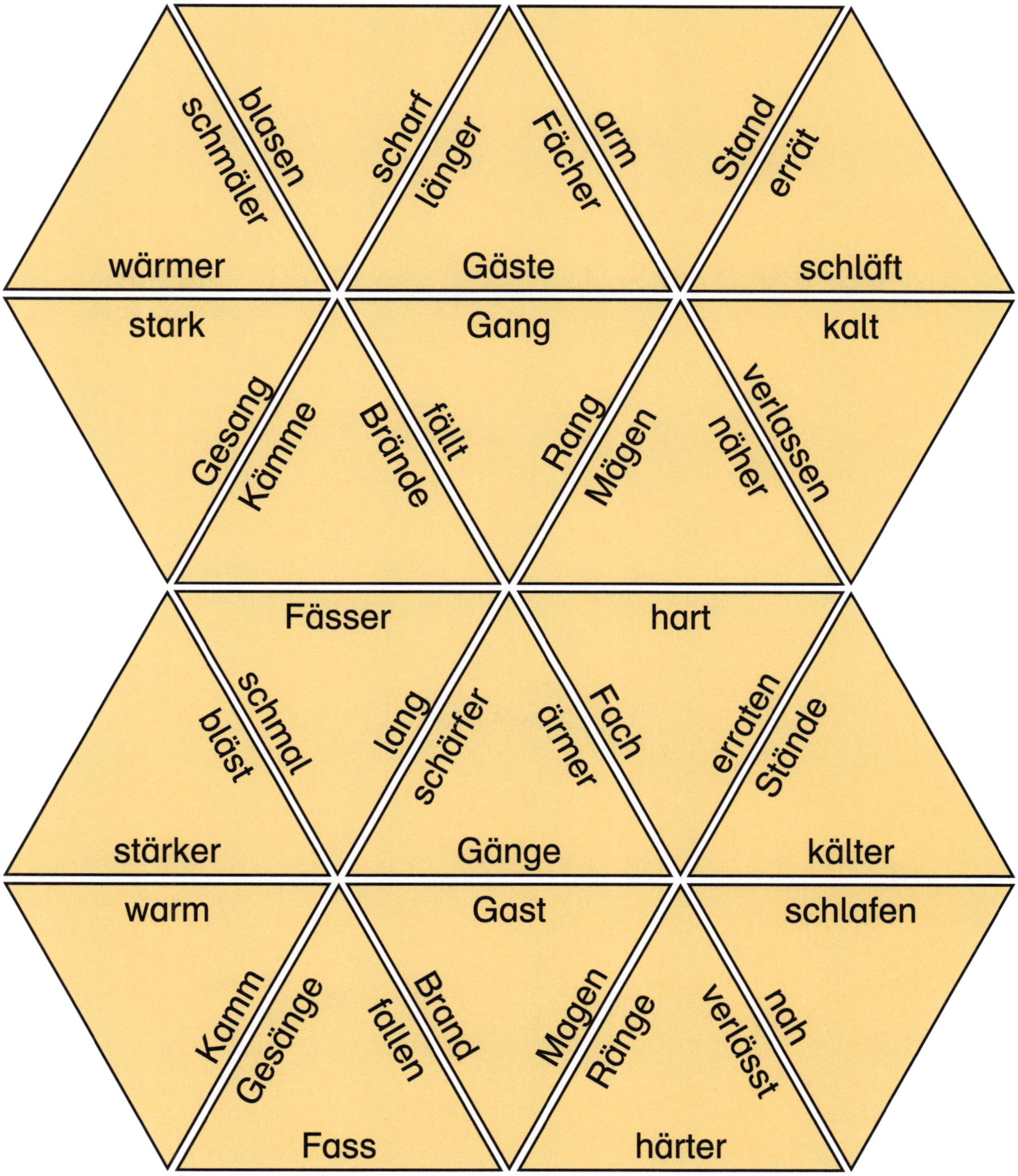

schmäler
blasen
scharf
länger
arm
Fächer
Stand
errät

wärmer
Gäste
schläft

stark
Gang
kalt

Gesang
Kämme
fällt
Brände
Rang
Mägen
näher
verlassen

Fässer
hart

bläst
schmal
lang
schärfer
ärmer
Fach
erraten
Stände

stärker
Gänge
kälter

warm
Gast
schlafen

Kamm
Gesänge
fallen
Brand
Magen
Ränge
verlässt
nah

Fass
härter

1. Welches Nomen passt zu den Verben? Schreibe auf.

   äu: ~~aufräumen~~, träumen, läuten, schäumen

   au: bauen, tauschen, verkaufen, rauschen

   aufräumen ⚡ der Raum

2. Schreibe die Wörter zusammen mit der Einzahl auf.

   ~~die Bräute~~, die Kräuter, die Läuse, die Träume,
   die Fäuste, die Häute, die Schläuche, die Gäule

   die Bräute ⚡ die Braut

Manche Wörter hören sich gleich an, doch du schreibst sie mit **e/eu** oder **ä/äu**. Hier musst du zuerst das Ableitungswort suchen.

Schreibe das Wort und trage **ä/äu** oder **e/eu** in die Lücken ein.
Bei **ä/äu** fügst du das Ableitungszeichen daneben.
Schreibe das Ableitungswort dahinter.

Er kommt auf alle F⬛lle. ⚡ die Fälle – der Fall

Ich streichle die F⬛lle.

Er malt die W⬛nde an.

Sie w⬛ndet das Blatt.

Er ist ein H⬛ld.

Sie h⬛lt mich fest.

Er reinigt diese St⬛llen.

Tiere leben in St⬛llen.

Die W⬛lle hebt ihn an.

Ich l⬛⬛te an der Tür.

Die L⬛⬛te singen mit.

1. Überlege, ob du **ä/äu** oder **e/eu** schreiben musst.
   Setze bei **ä/äu** das Ableitungszeichen.

      Achtung: 6 Wörter lassen sich nicht ableiten
                und du schreibst sie daher mit **e/eu**.

G⬛stern besuchte ich ein großes br⬛⬛nliches Geb⬛⬛de.

Davor stand ein W⬛chter und verriet uns,

dass darin Sch⬛tze verborgen w⬛ren.

Ich würde sie finden, w⬛nn ich das R⬛tsel

im l⬛tzten Zimmer richtig löse.

Ich ging hinein.

Es gab viele R⬛⬛me, ich z⬛hlte m⬛hr als 15.

Als ich dem l⬛tzten Zimmer n⬛her kam, spürte ich,

dass es immer w⬛rmer wurde. In einem Kamin brannte ein F⬛⬛er.

Ich sah daneben einen Kasten mit 3 geheimen F⬛chern.

Darin lagen jeweils 3 B⬛lle. Darauf stand: …

„Aufstehen!", rief meine Mutter. Schade, ich hatte nur getr⬛⬛mt.

2. Schreibe die Wörter aus Aufgabe 1 auf. Schreibe den Text dann als
   Laufdiktat ab.

Gestern,

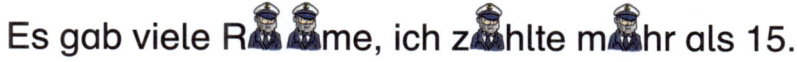

1. Hier sind 17 Wörter mit **ä/äu** versteckt
   ohne ein verwandtes Wort mit **a/au**.
   Kreise sie ein.

W	S	M	Ä	R	Z	G	Ö	P	S	T	V	D	Z	H
Y	V	L	H	T	G	M	T	X	N	M	O	W	Ä	R
T	R	Ä	N	E	E	W	C	D	G	J	R	Ä	H	Ä
B	D	L	L	X	S	S	Ä	G	E	B	W	H	X	U
F	Ä	H	I	G	C	R	Ü	C	K	W	Ä	R	T	S
P	M	K	C	L	H	Ä	R	R	S	T	R	E	S	P
E	L	N	H	T	Ä	H	E	I	K	P	T	N	Ä	E
B	I	Q	X	M	F	E	N	V	T	W	S	D	U	R
D	C	F	R	B	T	R	Ä	G	E	X	T	A	L	N
Z	H	N	Ä	M	L	I	C	H	G	Ä	H	N	E	N
G	E	T	Ö	N	D	E	D	M	S	C	H	R	Ä	G

2. Schreibe die Wörter auf. Achte auf die Groß- und Kleinschreibung.
   Schreibe die Nomen mit Artikel auf.

1. Hier sind 15 Wörter mit **i** versteckt, die man nach der **i**-Regel eigentlich mit **ie** schreiben müsste. Schreibe sie in die passenden Kästchen.

Termin, Kino, Medizin, Familie, Kamin, Krokodil, Zitronen, Liter, Kilo, erwidern, Bibel, Radio, Minute, Technik, Gitarre, Kapitän

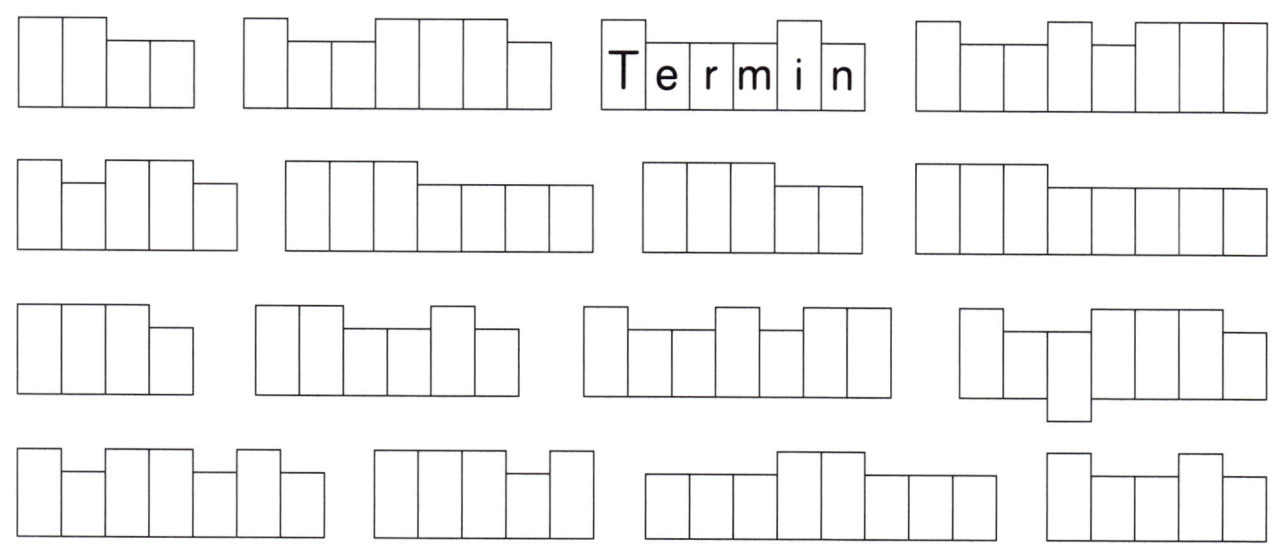

T|e|r|m|i|n

2. Wie lauten diese **-ine** Wörter? Schreibe sie auf.

Gerät für schwere Arbeiten: Maschine

getrocknete Weintraube:

anderes Wort für Geige:

hängt vor einem Fenster:

zerstörte Burg:

Tochter meiner Tante:

kleine Orange:

Sie kann uns im Winter verschütten:

kleiner Fisch:

wird wie Butter verwendet:

1. Setze die Wörter mit -ieh zusammen und schreibe sie auf.

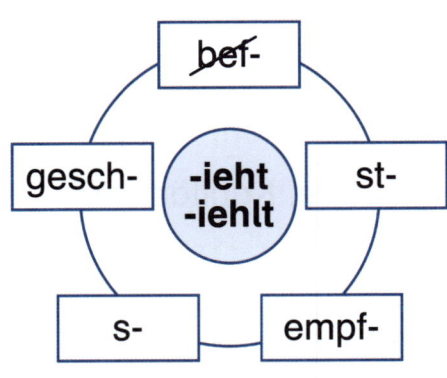

Wort	Grundform
	befehlen

2. Setze die Wörter aus Aufgabe 1 in die Sätze ein.

Er _____ das Geld.

Er _____ den Fehler.

Heute _____ ein Unglück.

Er _____ mir, das zu lassen.

Sie _____ mir das rote Kleid.

3. Setze ihn, ihm, ihr, ihre, ihrer, ihrem in die Sätze ein.

Lisa mag _____ Schuhe nicht mehr. Sie will sich neue kaufen. Dabei hilft

_____ _____ Mutter. Im Laden kommt _____ ein Verkäufer zu Hilfe.

Er zeigt _____ die neuesten Modelle. Ein Paar gefällt _____ und

_____ Mutter auch. „Dort ist die Kasse", sagt _____ der Verkäufer.

Sie folgen _____. Zuhause zeigt sie _____ Bruder, was sie gekauft

hat. Sie fragt _____, ob sie _____ gefallen. Das tun sie nicht.

Doch das ist _____ egal. Es sind _____ Schuhe. Sie zeigt die Schuhe

auch _____ Freundin. Sie findet sie schön und freut sich mit _____.

1. Schreibe die richtigen Verbformen auf.

	ich	er	wir
erzählen			
ahnen			
befehlen			
empfehlen			
dehnen			

2. a) Für welche Nomen gibt es keine Mehrzahl? Schreibe sie auf.

> Bahn, Lehrerin, ~~Anzahl~~, Wahl, Auffahrt, Gefahr, Verkehr, Kahn,
> Pfahl, Lehm, Sahne, Stahl, Draht, Nähe, Reh

Nomen ohne Mehrzahl (6 Wörter): Anzahl,

b) Schreibe die Mehrzahl der anderen Nomen auf.

3. Setze die Wörter in die Lücken ein.

> zahmen, gefährlich, lahm, kahlen, allmählich, mehr, zehn, ehrliche

Die _____ Tiger sind immer noch _____.

Der _____ Finder hat _____ als _____ Euro gefunden.

_____ wächst auf der _____ Wiese wieder Gras.

Das verletzte Pferd geht _____.

1. Finde die Reimwörter und schreibe sie auf.

> Stroh, wohl, Kohle, stehlen, Bohne, befehlen, kühl, Chor, Mohn,
> Gefühl, ohne, kühlen, Sohle, fühlen, Rohr, führen, Floh, Uhr, rühren,
> hohl, fuhr, Lohn

Stroh – Floh,

2. Welche Wörter mit **oh/öh** sind gesucht? Schreibe sie auf.

Um ein Loch in die Wand zu bekommen, muss ich _____.

Ein Bär überwintert in einer _____.

Ich bin _____, wenn ich es geschafft habe.

3. Welche Wörter aus der Wortfamilie findest du?
Schreibe auf.

ab- zu- weg- ent- ver-	führ-	-bar -en -end

abführen,

vor- er- be- nach- an- ge-	fühl-	-bar -en -los -end

vorfühlen,

1. Setze **aa**, **ee**, **oo** ein und schreibe die Wörter in die richtige Spalte.

> der T⬛⬛, der S⬛⬛l, das B⬛⬛t, das M⬛⬛r, der Z⬛⬛, das M⬛⬛s,
>
> die S⬛⬛t, die W⬛⬛ge, der ⬛⬛l, das P⬛⬛r, der Kl⬛⬛, d⬛⬛f,
>
> das M⬛⬛r, die F⬛⬛, die B⬛⬛re

aa	**ee**	**oo**
der Saal	der Tee	das Boot

2. Bilde mit jedem Wort aus Aufgabe 1 ein zusammengesetztes Wort.
   Es gibt auch mehrere Möglichkeiten. Schreibe auf.

   aa: die Balken-, der Speise-, die -flosse, die Aus-, das Tanz-

   ee: die Him-, die -tasse, das -blatt, der -nstaub, die -enge

   oo: die -pflanze, das Torf-, die -heit, das -tier, die -splanke

die Balkenwaage		

1. In manchen Wörtern klingt ein **v** wie **f** oder **w**.
   Schreibe die Wörter in die richtige Spalte.

> ~~der Vogel~~, ~~die Vase~~, vielleicht, vier, das Video, das Veilchen,
>
> das Pulver, das Verb, violett, die Violine, der Vater, brav, die Larve,
>
> der Pullover

wie **f** gesprochen

wie **w** gesprochen

der Vogel

die Vase

2. Finde die 16 Wörter mit **v**, unterstreiche sie und schreibe sie auf.

> Vrg<u>Advent</u>mlkLarvegvldverlierenöutzvklVersbursvoranbxcvghVilla
>
> VmdvVolkhijkKlavieröhxtgrvoVentilpqurvVkimVorratnVereinpo
>
> NervbzucvwaVklölkViehgfrdsvzuverstauencalvelkoitvklvielölpmk
>
> äfrtvhiVtrdzverstehenghijk

Advent,

Die Vorsilben **ver-** und **vor-** schreibst du mit **v**.
Ferien und fertig haben keine Vorsilben. Du schreibst sie mit **f**.

1. Bilde zu jedem Verb und zu jedem Nomen neue Wörter mit **ver-** und **vor-**.
   Manchmal sind beide Vorsilben möglich. Schreibe die Verben auf.

   a) stellen, lesen, tragen, ziehen, machen, brennen,
      legen, sagen

   b) Sicht, Hang, Wort, Fahrt, Lust, Liebe, Rat, Jahr

2. Setze **verwandt/Verwandte/Verwandtschaft** ein.

   Die Wörter sind miteinander _____ .

   Mein Onkel und meine Tante sind mit mir _____ .

   Auch meine Cousinen sind _____ von mir.

   Zusammen gehören sie zu unserer _____ .

M Wörter mit qu

Achtung: Wenn du ein **kw** hörst, schreibe **qu**.

1. Finde die 20 **qu**-Wörter und kreise sie ein.

b	r	t	r	s	K	a	u	l	q	u	a	p	p	e
e	Q	u	a	r	k	o	p	Q	u	o	t	e	x	Q
q	u	ä	l	e	n	w	Q	h	e	j	k	l	m	u
u	a	Q	v	g	h	Q	u	i	r	l	z	t	Q	a
e	d	u	Q	A	q	u	a	r	i	u	m	c	u	l
m	r	a	u	y	t	a	l	u	o	k	l	r	a	i
z	a	r	i	d	t	l	l	x	c	h	p	f	t	t
u	t	t	z	q	u	i	e	k	e	n	i	k	s	ä
Q	u	e	l	l	e	v	q	u	a	k	e	n	c	t
s	i	t	Q	u	i	t	t	u	n	g	o	p	h	x
c	h	t	l	q	u	a	t	s	c	h	e	n	w	z

2. Schreibe die Wörter aus Aufgabe 1 auf.

3. Setze einige der gefundenen Wörter aus Aufgabe 1 hier ein.

Der Fisch schwimmt im _____.

Die Frösche _____. Die Schweine _____.

Wir sollen kein Rechteck, sondern ein _____ malen.

Ich _____ immer lange am Telefon. Halte das Blatt _____.

1. Bilde zusammengesetzte Nomen und schreibe sie auf.
Achte auf die Groß- und Kleinschreibung.

> ~~Kaiser~~ Mai Waisen Mais
> Brot Gitarren Klavier
> Hammer Käse Hai

> ~~-krone~~ -kolben -haus -hai
> -käfer -reich -kind -baum
> -ernte -flosse -laib -saite

Kaiserkrone,

2. Fülle die Kästchen so aus, dass jedes Wort in jeder Spalte, in jeder Zeile und in jedem Quadrat nur einmal vorkommt.

Setze ein: Mais, Laie, Kaiser, Waise.

Kaiser			
	Waise		
Laie		Waise	Mais
			Laie

Setze ein: Laib, Saite, Hai, Samurai.

		Laib	Saite
Laib			
Saite	Hai	Samurai	
			Hai

1. Schreibe die Wörter mit **x – chs – ks** in die richtige Spalte.

Nomen: Hexe, Büchse, Fuchs, Ochse, Keks

Verben: wechseln, mixen

andere Wörter: links, extra, verflixt

x	chs	ks

2. Spiel „Wörter versenken": Setze 8 Merkwörter von oben in das erste Spielfeld ein. Suche dir einen Partner und spiele es wie „Schiffe versenken".

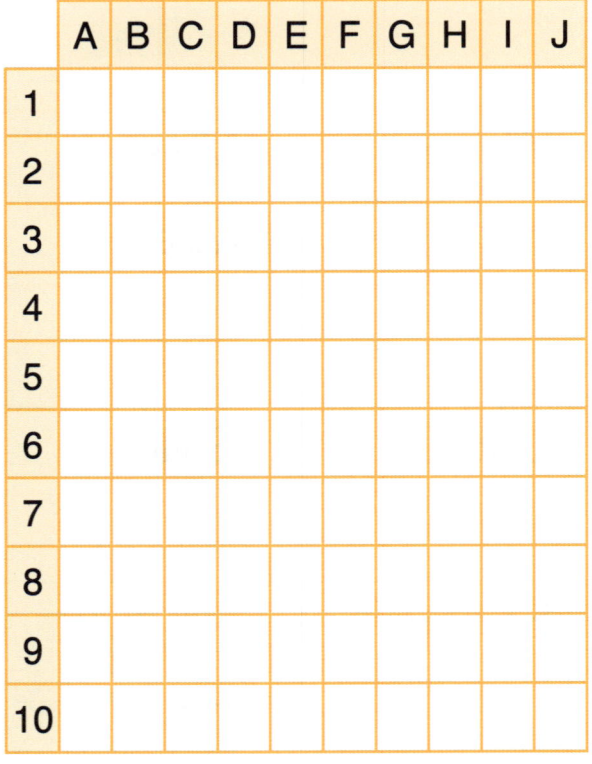

Spielfeld 1

	A	B	C	D	E	F	G	H	I	J
1										
2										
3										
4										
5										
6										
7										
8										
9										
10										

Spielfeld 2

	A	B	C	D	E	F	G	H	I	J
1										
2										
3										
4										
5										
6										
7										
8										
9										
10										

Diese Wörter kommen nicht aus der deutschen Sprache.

1. Suche die Wörter im Wörterbuch und schreibe sie mit Artikel ab.
   Schreibe auch die Seite auf, auf der du sie gefunden hast.
   Beispiel aus dem Wörterbuch „Schlag auf, schau nach!"

   die Pizza, S. 187;

2. Finde weitere Beispiele im Wörterbuch und schreibe sie auf.

Alles, was man **sehen** (den Himmel), **anfassen** (das Auto)
oder **haben** (der Hunger) kann, sind Nomen.
Nomen können einen Begleiter haben und du schreibst sie groß.

1. Finde die Nomen und schreibe sie mit Begleiter in die richtige Spalte
   5 Wörter sind keine Nomen.

~~GLÜCK~~ ZUHAUSE ANTWORT LOBEN ZEICHNUNG WETTER
WIND KLEIN LOCH VERSUCH WELT VERBRECHEN TEIL STEHEN
SCHLUSS LUFT ABER HÄLFTE FLECK ENDE LASSEN DURST
PFLANZE

der	**die**	**das**
		das Glück

2. Manche Wörter sind Nomen oder Verben. Hier musst du auf die Bedeutung
   im Satz achten. Probiere, ob der Satz noch richtig ist, wenn man vor das
   Wort **der**, **die**, **das** setzt. Setze die Wörter in den Klammern ein.

   Wir _____ es. Mein _____ ist groß. (wissen / Wissen)

   Ich habe eine _____. Ich _____ dich. (bitte / Bitte)

   Sie _____ uns. Meine _____ schreibe
   ich auf. (antworten / Antworten)

   Ich mag _____. Ich _____ mit dir. (spiele / Spiele)

Außer **der**, **die**, **das** können Nomen auch andere Begleiter haben:
ein/eine, **kein/keine**, **ihr/sein**, **mein/dein**, **euer/unser** oder
ein **Zahlwort** (**zwei** Euro, **viele** Euros).

1. Setze den Begleiter in den Satz ein. Er zeigt dir das Nomen.
   Schreibe den Satz mit richtiger Groß- und Kleinschreibung auf.

er kennt haus. (dein)   Er kennt dein Haus.

ich habe angst. (keine)

heft ist voll. (sein)

er singt lied. (ein)

sie sehen garten. (unseren)

kleid ist blau. (ihr)

sie hat uhr gefunden. (eine)

freude ist groß. (meine)

sie hat junge. (fünf)

er fand Parkplatz. (keinen)

2. Setze nun zwischen die Begleiter und Nomen aus Aufgabe 1
   ein Adjektiv ein.

dein schönes **H**aus

Diese Adjektive helfen dir: kleines, große, grüne, grünen, neues, schöne,
echte, kleine, freien, kleines.

dein kleines Haus,

Mit den Endungen **-heit** und **-keit**, werden Adjektive zu Nomen:
einsam – **E**insam**keit**.

Mit der Endung **-ung** werden Verben zu Nomen:
dehnen – **D**ehn**ung**.

Mit der Endung **-nis** können Adjektive und Verben zu Nomen werden:
hindern – **H**inder**nis**.

1. Hänge an die Adjektive die richtige Endung **-heit**, **-keit**, **-nis**
und schreibe die Nomen auf.

> ~~tapfer~~, übel, sauber, klug, gesund, dumm, geheim,
> schön, frei, heiser, krank, gleich

tapfer – die Tapferkeit,

2. Hänge die Endungen **-ung** und **-nis** an die Verben und schreibe die Nomen auf.

> ~~ergeben~~, reinigen, heizen, wohnen, erleben, ereignen,
> gefangen, spülen, retten, begegnen

ergeben – das Ergebnis,

Wird aus 2 Wörtern ein neues Wort gebildet, so richtet sich die Wortart nach dem 2. Wort. Ist das 2. Wort ein Nomen, so bestimmt dieses den Begleiter.

Adjektiv und Nomen: blau + **die** Meise = **die** Blau**meise**
Verb und Nomen: trinken + **der** Becher = **der** Trink**becher**
Nomen und Nomen: die Tasche + **das** Tuch = **das** Taschen**tuch**

Bilde zusammengesetzte Nomen und schreibe sie mit Begleiter auf.
Achte auf die Groß- und Kleinschreibung.

| Adjektive: dumm, schnell, kühl, faul, hoch | + | Nomen: Bahn, Kopf, Tier, Schrank, Haus |

der Dummkopf,

| Verben: baden, singen, trinken, malen, kochen, wohnen | + | Nomen: Vogel, Zimmer, Buch, Glas, Wanne, Stift |

die Badewanne,

| Nomen: Wurst, Haar, Garten, Haus, Karten, Regen, Sonne | + | Nomen: Schuhe, Spange, Brille, Spiel, Beet, Brot, Bogen |

das Wurstbrot,

1. Unterstreiche im Text alle Wörter, die Dinge bezeichnen, die man sehen, anfassen oder haben kann, rot.

2. Unterstreiche die Wörter mit den Endungen **-heit**, **-keit**, **-nis**, **-ung** grün.

3. Unterstreiche alle Begleiter blau.

Im land der elfen

Es war einmal ein uralter bunter zauberwald. Zwischen seinen uralten baumriesen lebte das volk der elfen. Sie lebten in häusern, die wie pilze aussahen, und sie hüteten ein geheimnis: den goldenen ring der zwerge.

Er war ihnen vor vielen jahren überlassen worden. Mit ihm konnte man sich alle wünsche erfüllen.

Davon hörte die kleine prinzessin. Ihr vater, der könig von arkadien, war schwer erkrankt und die besten ärzte konnten ihm nicht helfen. Sie wünschte sich so sehr, dass ihr vater wieder seine gesundheit erlangen würde.

Also machte sie sich auf den weg in das reich der elfen.

Der weg war weit und sie musste über zwei hohe berge, bis sie den zauberwald erreichte.

Bunte schmetterlinge begleiteten sie. Kleine bunte vögel flüsterten in ihr ohr: „Du musst ganz leise sein, sonst vertreibst du die scheuen wesen."

Also ging sie mit leisen schritten immer tiefer in den wald hinein.

An einem klaren bach trank sie, denn sie hatte durst bekommen.

Dabei beobachtete sie die munteren fische im wasser und sah den fröschen zu, wie sie sich in der sonne ausruhten.

Jetzt bemerkte sie, dass sie müde wurde, und sie schlief auf dem weichen moos ein.

Da erschien hinter einem großen stein ein kleines wesen mit großen flügeln.

„Hey, kleine prinzessin! Was führt dich zu uns?"

„Wer bist du?", fragte die prinzessin.

„Ich bin die hüterin des goldenen rings der zwerge", hörte sie und sie antwortete: „Dich habe ich gesucht. Vielleicht kannst du mir in meiner verzweiflung helfen? Ich bin ganz traurig, dass mein vater so krank ist und keiner seine krankheit heilen kann. Daher gibt es im ganzen reich keine ordnung mehr. Die menschen arbeiten nicht mehr.

Unsere kinder haben hunger, denn der bäcker bäckt kein brot mehr und der metzger hat kein fleisch mehr."

Die kleine elfe überlegte: „Wenn du mir versprichst, dass niemand unsere ruhe hier stören wird und in diesem wald kein mensch die bäume fällen und die pflanzen pflücken wird, so werde ich dir helfen."

„Ja, ja, das versprechen will ich dir geben."

„Also steck dir diesen ring an deinen kleinen finger, drehe ihn einmal herum und sprich die worte: vater gesunde mit dem ring aus dem elfenwald."

Sie tat, wie ihr geheißen.

Die elfe verschwand so plötzlich,
wie sie gekommen war.

Langsam wachte die prinzessin
wieder auf. Hatte sie geträumt?

Sie wusste es nicht.

Doch etwas in ihr sagte,
sie solle umkehren.

Also verließ sie den wald.

An der grenze zum königreich ihres vaters sah sie, dass der bäcker wieder brot verkaufte und die kinder wieder auf der straße spielten.

Im schloss herrschte jedoch große aufregung, denn alle suchten nach ihr.

Der könig war wieder gesund. Sie war überglücklich und aus dankbarkeit durfte niemand mehr den zauberwald betreten.

4. Schreibe alle Nomen mit Begleiter auf, die im Text keinen Begleiter haben.

_____

_____

_____

5. Schreibe den Text in richtiger Groß- und Kleinschreibung ab.

 Die folgenden 5 Strategien helfen dir, die meisten Rechtschreibfehler zu vermeiden:

1. ‿‿ Beim Sprechen und Schreiben in Silben hörst du, ob du alle Buchstaben geschrieben hast. Du hörst aber auch:

a)	**b/p**:	haben/Hupe		**d/t**:	Räder/raten
	g/k:	Berge/Werke			
b)	**i/ie**:	Linde/Lieder			
c)	**k/ck**:	melken/Hacke		**z/tz**:	heizen/hetzen
d)	**b/bb**:	Elbe/Ebbe		**d/dd**:	wieder/Widder
	f/ff:	Schafe/schaffen		**g/gg**:	lagen/Bagger
	l/ll:	holen/sollen		**m/mm**:	Helme/rammen
	n/nn:	Kinder/rennen		**p/pp**:	Kapsel/Kappe
	r/rr:	Speere/sperren			
	s/ss/ß:	lesen/messen/Maße		**t/tt**:	Reiter/Ritter
e)	**bl/pl**:	blasen/platzen		**dr/tr**:	Drachen/trocken
	gl/kl:	Glas/klagen			

2. ‿➤ Am Wortende hilft dir das Verlängern mit dem Zauberwort **alle**. Achte darauf, dass beim Verlängern nach dem gesuchten Buchstaben ein Selbstlaut folgen muss.

a)	**b/p**:	habt	– alle haben	hupt	– alle hupen	
	d/t:	Rad	– alle Räder	rät	– alle raten	
	g/k:	Berg	– alle Berge	Werk	– alle Werke	
b)	**i/ie**:	Bild	– alle Bilder	Lied	– alle Lieder	
c)	**h**:	steht	– alle stehen			
d)	**k/ck**:	melkt	– alle melken	hackt	– alle hacken	
e)	**z/tz**:	heizt	– alle heizen	hetzt	– alle hetzen	

f) **f/ff:** Schaf – alle Schafe | schaffen – alle schaffen

l/ll: holt – alle holen | soll – alle sollen

m/mm: Helm – alle Helme | rammt – alle rammen

n/nn: Kind – alle Kinder | rennt – alle rennen

r/rr: Schere – alle Scheren | sperrt – alle sperren

s/ss/ß: liest – alle lesen | misst – alle messen

Maß – alle Maße

t/tt: rät – alle raten | ritt – alle ritten

3. ⚡ Beim Ableiten schreibst du ein Wort mit **e/eu** oder **ä/äu**.
Ä/äu schreibst du, wenn du ein verwandtes Wort mit **a/au** findest.

a) **ä/e:** täglich – Tag | hell – kein **a**-Wort

b) **äu/eu:** häufig – Haufen | neu – kein **au**-Wort

4. *M* Merkwörter musst du dir besonders merken, da hier verschiedene Schreibweisen möglich sind.

a) **ä**-Wörter ohne Ableitung: Käfer

b) **i** am Silbenende: Mandarine

c) Wörter mit stummem **h**: hohl

d) **v**-Wörter: vorne

e) Wörter mit **aa**, **ee**, **oo**: Aal, See, Zoo

f) **chs-**, **ks-**, **cks**-Wörter: Wachs, Keks, Klecks

5. *G* Großschreibung

a) Alles was du sehen, anfassen oder haben kannst, sind Nomen. Du schreibst sie groß.

b) Endungen: **-heit**, **-keit**, **-nis**, **-ung**

Bei den folgenden Wörtern ist die schwierige Stelle **fett** gedruckt.
Schreibe hinter dem Wort das Zeichen und die Nummer der Strategie,
die dir helfen kann.

Schlö**ss**er	‿ 1a	sch**ä**len	⚡ 3a	Zitrone	M 4b
B**litz**		r**ie**chen		her**au**s	
tragen		bl**ü**ht		**G**eist	
bre**nn**t		**V**ers		**L**ä**u**se	
wel**k**t		**ü**bt		**H**ilfe	
Höl**z**er		f**eh**len		**M**o**o**r	
Heizung		k**ä**lter		mi**ss**t	
ste**ll**en		l**ie**gen		He**rr**	
M**ee**r		Spi**tz**e		schwi**mm**t	
bl**ie**b		Tri**cks**		kur**z**	
dri**nn**en		pa**ss**t		**E**rlebnis	
L**ie**be		Pfa**d**		l**äu**ten	
Ka**rr**en		fl**ie**gt		Ke**ks**	
ho**hl**		sa**mm**eln		**W**elt	
Wi**tz**		tr**ü**b		So**ß**e	
Laden		Ar**z**t		mü**ss**en	
S**ä**ge		ho**fft**		**R**echnung	
sp**ä**t		Sp**ie**gel		**s**itzen	
ke**nn**en		Tr**äu**me		w**ah**r	
Ampel		**v**orher		he**tz**en	
sch**ie**bt		**R**isiko		P**ä**sse	